걸리버 여행기
GULLIVER'S TRAVELS

JONATHAN SWIFT

Wordsmith	:	Lewis Helfand
Illustrator	:	Vinod Kumar
Colourist	:	Prince Varghese
Letterers	:	Laxmi Chand Gupta Bhavnath Chaudhary
Editors	:	Divya Dubey Eman Chowdhary
Editor (Information Pages)	:	Pushpanjali Borooah
Art Director	:	Rajesh Nagulakonda
Production Controller	:	Vishal Sharma

Cover Artists:

Illustrator	:	Amit Tayal
Colourist/ Designer	:	Jayakrishnan K P

Copyright © 2010 Kalyani Navyug Media Pvt Ltd

All rights reserved. Published by Campfire, an imprint of Kalyani Navyug Media Pvt Ltd.
Korean Translation Copyright © 2012 by Hyejiwon Publishing

No part of this publication may be reproduced, stored in a retrieval system, or transmitted in any form or by any means, electronic, mechanical, photocopying, recording, or otherwise, without written permission from the publisher.

About the Author

Born on 30th November 1667 in Dublin, Jonathan Swift got his first job in England, as a secretary to Sir William Temple, a retired diplomat and an acquaintance of the Swift family. Swift was also ordained as a priest.

After writing numerous essays and political pamphlets anonymously or under pseudonyms, Swift published his first major work, *A Tale of a Tub*, in 1704. He worked as editor of *The Examiner* from 1710 to 1711 in England. He addressed the most prominent social, political, and religious issues of the time through his biting satirical essays and novels. Two of his most famous works being *Gulliver's Travels*, first published under the pseudonym Lemuel Gulliver in 1726, and *A Modest Proposal*, a satirical essay published in 1729, suggesting that the poor should sell their children to the rich as food.

Jonathan Swift died in 1745. He is still considered to be one of the greatest satirists of all time.

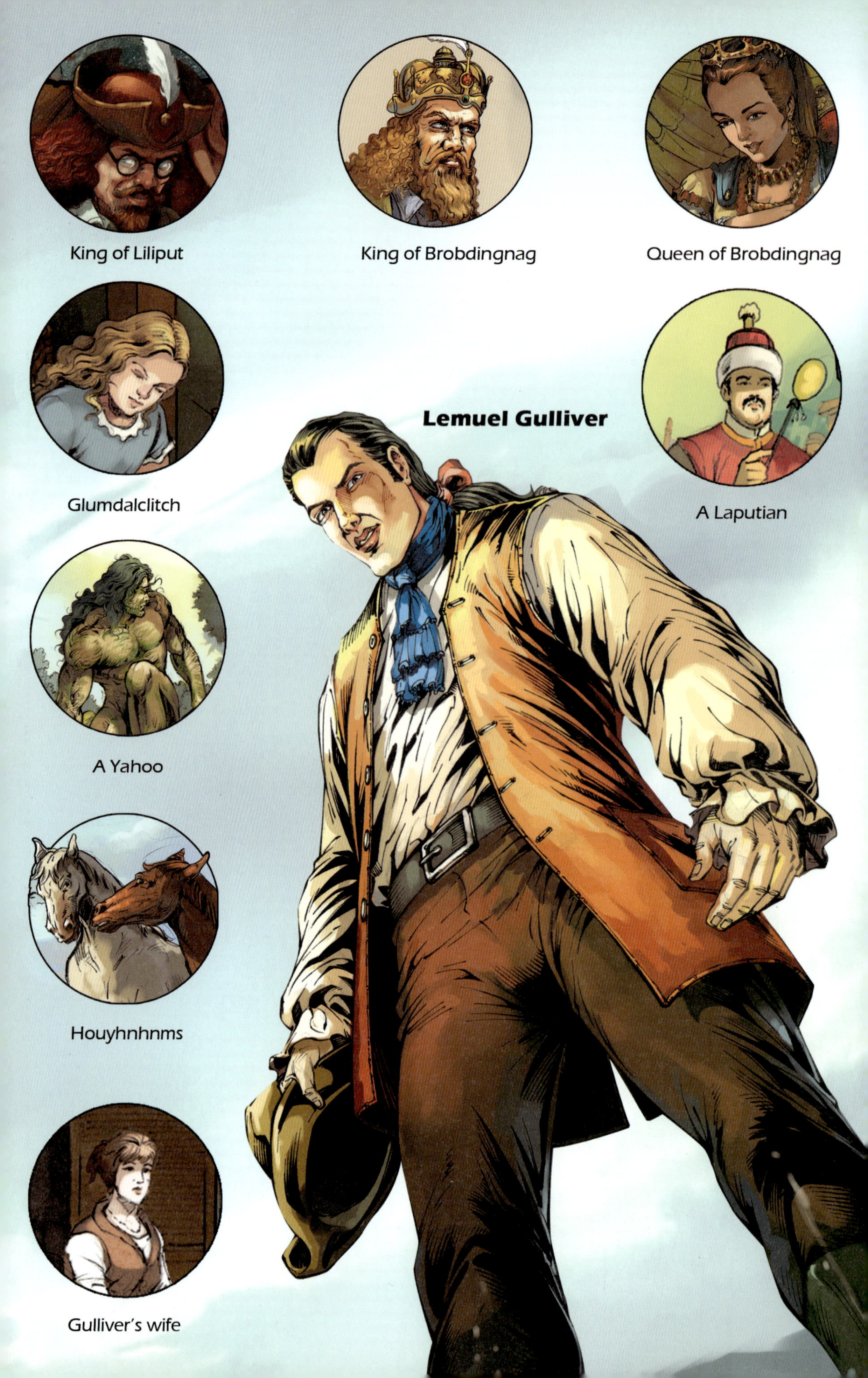

King of Liliput

King of Brobdingnag

Queen of Brobdingnag

Glumdalclitch

A Laputian

A Yahoo

Houyhnhnms

Gulliver's wife

Lemuel Gulliver

England.

I always believed it would be my fortune to travel.

I used my money to learn navigation, and other parts of mathematics, useful to those who intend to travel.

Lemuel Gulliver, is it? You come highly recommended.

I was recommended by my good master, Mr James Bates, an eminent surgeon in London, to be surgeon on board the *Swallow*.

After three-and-a-half years of working with Captain Abraham Pannel, I decided to settle in London. Being advised to alter my condition, I married Mary Burton.

But my business began to fail, and I decided to go to sea again. I accepted an advantageous offer from Captain William Prichard, master of the *Antelope*.

We set sail from Bristol on 4th May 1699. At first our business was very prosperous, but soon, we were driven by a violent storm to the north-west of Van Diemen's Land.

Twelve of our crew were dead by extreme labour and bad food; the rest were in a very weak condition.

Six of the crew, of whom I was one, having let down the boat into the sea, made a shift to get clear of the ship and the rock. We rowed till we were able to row no longer.

And in about half an hour, the boat was turned over by a sudden current from the north.

What became of my companions I cannot tell, but I concluded they were all lost. For my own part, I swam as fortune directed me, and was pushed forwards by wind and tide.

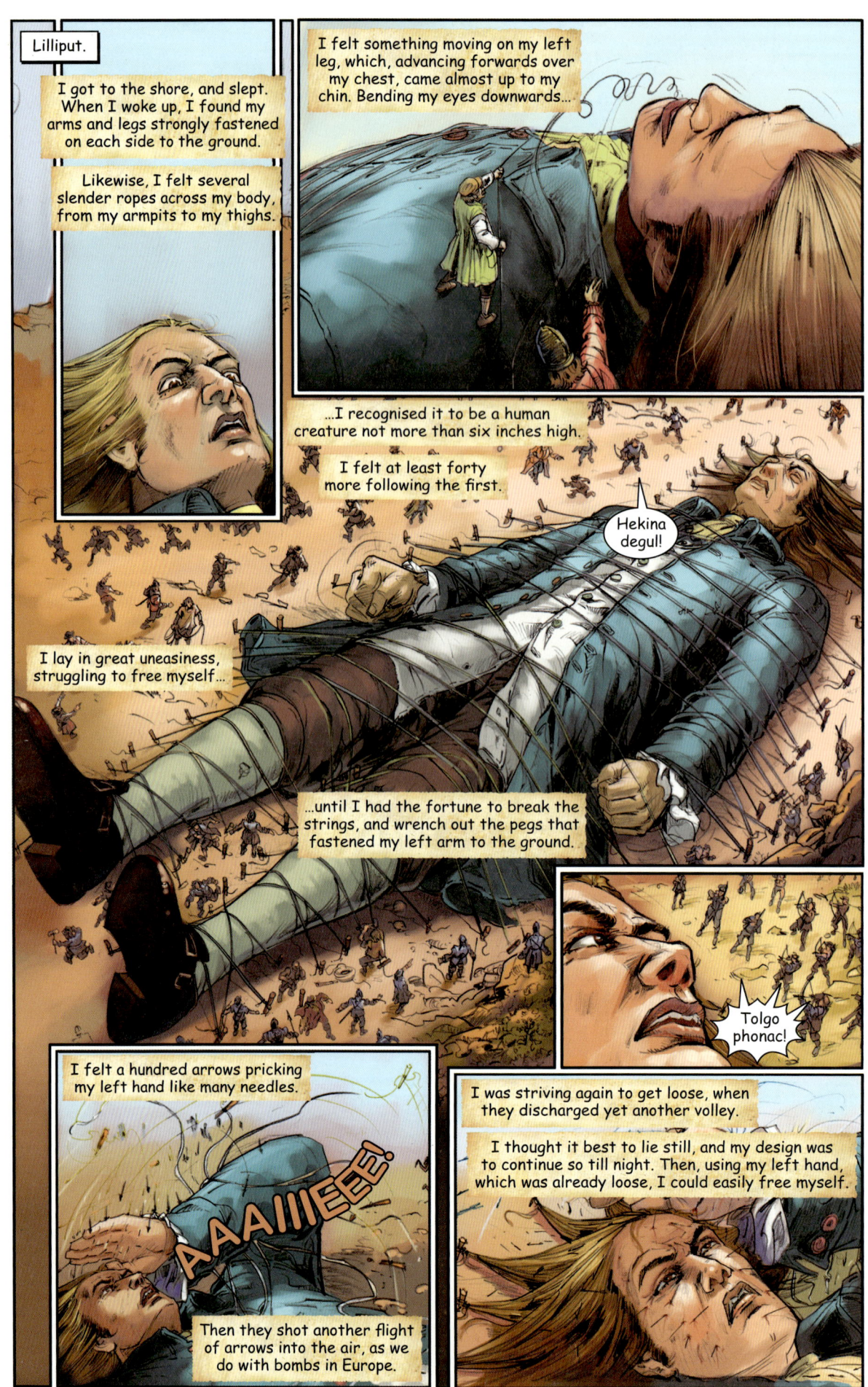

I had reason to believe I might be a match for the greatest armies they could bring against me, if they were all of the same size.

But by the noise I heard, I knew their numbers had increased.

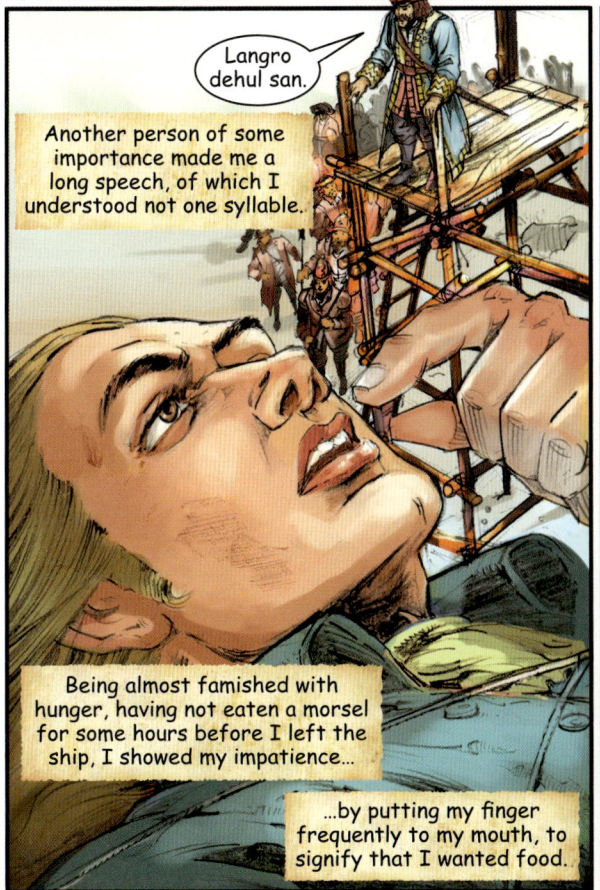

Langro dehul san.

Another person of some importance made me a long speech, of which I understood not one syllable.

Being almost famished with hunger, having not eaten a morsel for some hours before I left the ship, I showed my impatience...

...by putting my finger frequently to my mouth, to signify that I wanted food.

The man understood what I was saying. He narrated my plight to the king, who, in turn, sent baskets full of meat.

The baskets had bread and flesh of several animals. I ate them by two or three at a mouthful, and took three loaves at a time.

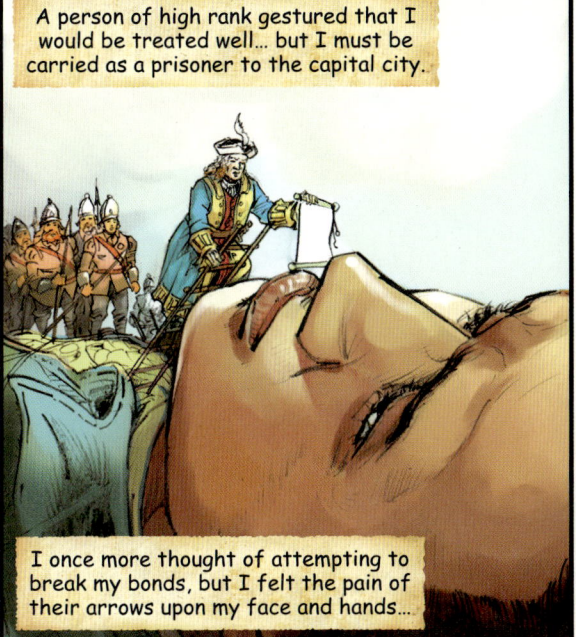

A person of high rank gestured that I would be treated well... but I must be carried as a prisoner to the capital city.

I once more thought of attempting to break my bonds, but I felt the pain of their arrows upon my face and hands...

I let them know that they might do with me as they pleased.

It was decided that I should lodge in an ancient temple, the largest in the whole kingdom, applied to common use.

The chains that held my left leg allowed me to creep in, and lie at my full length in the temple.

The emperor surveyed me with great admiration.

After about two hours, I was left with a strong guard, to prevent the audacity and malice of the rabble, who were very impatient to crowd about me.

Some of them were foolish enough to shoot their arrows at me.

The colonel ordered the ringleaders to be seized, and thought it the most proper punishment to deliver them bound into my hands.

I took them all in my right hand, and made a face as if I would eat them alive.

...when they saw me take out my penknife.

Aaaaaaaa!

The poor men screamed terribly, and the colonel and his officers were shocked...

I avoided appearing near the coast, for fear of being discovered by some of the enemy's ships.

And, keeping a safe distance, I viewed the enemy's fleet using my binoculars. It consisted of about fifty men-of-war and a great number of transports.

Then I devised a technique. I asked Reldresal to arrange for a large quantity of the strongest cable and bars of iron.

I twisted these iron bars together, binding the ends into a hook, and fixed fifty hooks to as many cables.

Then, carrying these ropes, I walked towards the enemy's ships.

They were so frightened when they saw me, that they leapt out of their ships, and swam to shore.

Fastening a hook to the hole at the bow of each ship, I tied all the cords together at the end.

While I was doing so, the enemy discharged several thousand arrows. Besides the excessive pain, they disturbed me in my work.

But I was most worried for my eyes, which I could have lost without fail, if I had not decided to wear glasses immediately.

I then cut the cables that fastened the anchor with my knife, and received about two hundred shots in my face and hands.

PLINK
PLINK

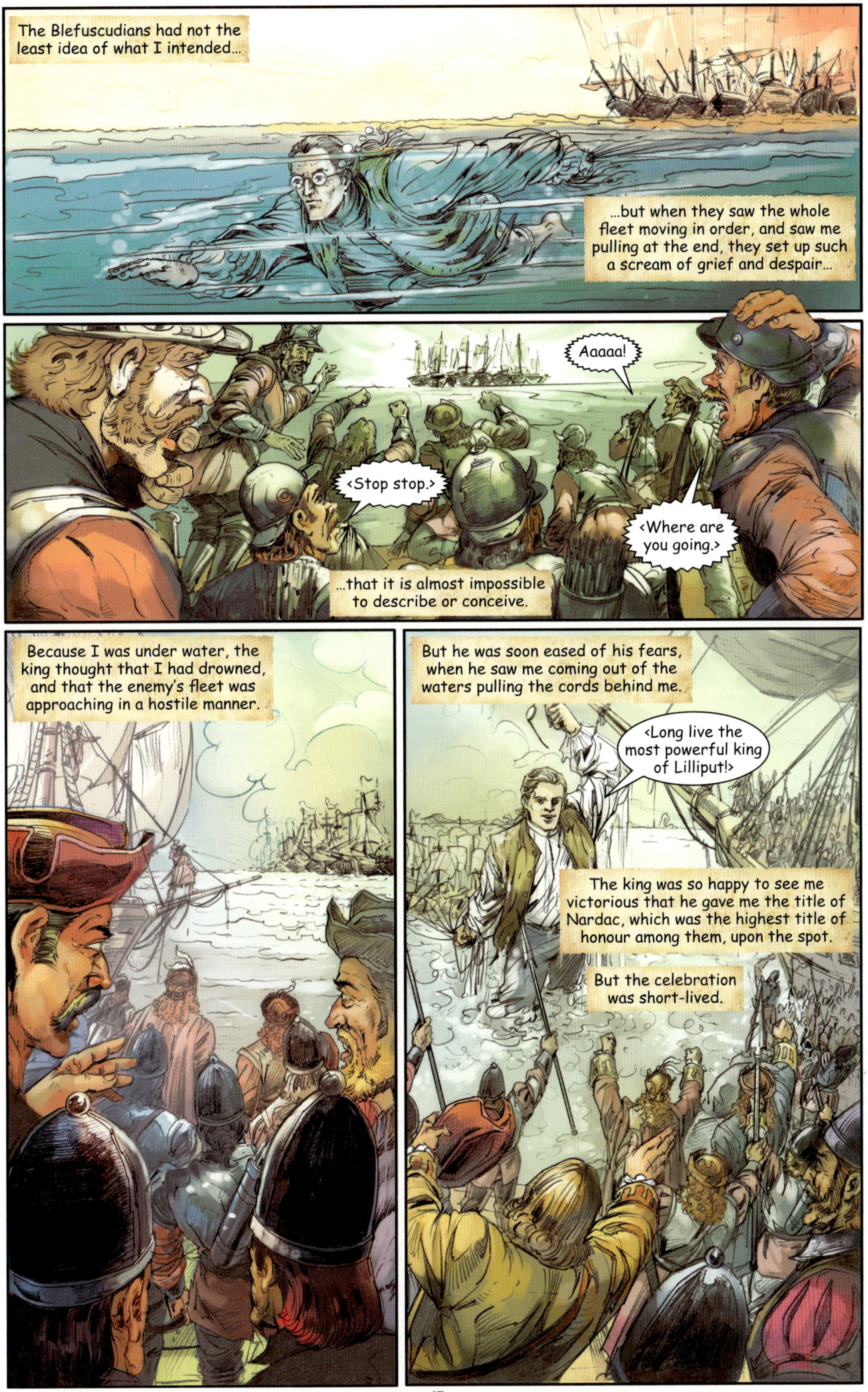

The Blefuscudians had not the least idea of what I intended...

...but when they saw the whole fleet moving in order, and saw me pulling at the end, they set up such a scream of grief and despair...

Aaaaa!

<Stop stop.>

<Where are you going.>

...that it is almost impossible to describe or conceive.

Because I was under water, the king thought that I had drowned, and that the enemy's fleet was approaching in a hostile manner.

But he was soon eased of his fears, when he saw me coming out of the waters pulling the cords behind me.

<Long live the most powerful king of Lilliput!>

The king was so happy to see me victorious that he gave me the title of Nardac, which was the highest title of honour among them, upon the spot.

But the celebration was short-lived.

"Burglum! Burglum!"

I wanted to thank the king for what he had done for me. I was looking for ways to thank him, when I got an opportunity of doing him a service. I was alarmed at midnight with the cries of hundreds of people at my door.

The king's apartment was on fire. People were running around in panic and getting water in buckets.

The buckets were about the size of a large thimble, and the poor people supplied me with them as fast as they could. But the flame was so violent, that they did little good.

I had, the evening before, drunk a most delicious wine plentifully, and had not discharged myself of it.

In three minutes, the fire was wholly extinguished. But I could not tell if the king would resent the manner by which I had performed it.

Soon my apprehensions were proven right, when I came to know that it was criminal of any person, of whatsoever quality, to make water within the grounds of the palace.

I was later told that the queen had firmly resolved to never get those buildings repaired for her use. And in the presence of her chief confidantes, she had vowed revenge.

I ran as fast as I could, and climbed up a steep hill. I found the country fully cultivated.

The first thing that surprised me was the length of the grass, and the corn that rose to at least forty feet.

And the trees were so tall that I could not calculate their height.

I saw some people of the same size as the man whom I had seen in the sea pursuing our boat.

I heard one of them call in a voice, but the noise was so loud that, at first, I certainly thought it was thunder.

I reflected what an embarrassment it must prove to me to appear as insignificant in this nation as one single Lilliputian would be among us.

Philosophers are right when they tell us that anything is great or little, only by comparison.

Who knows that even this extraordinary race of mortals might be equally overmatched in some distant part of the world?

I was lost in my thoughts, when I saw a big foot coming towards me. I realised that soon I would either be squashed to death under his foot or cut in two with his reaping-hook.

I sat there holding my breath.

At last, he saw me.

At length, he held me by the middle, between his fore-finger and thumb, and brought me very close to his eyes.

Then he put me into his coat, and immediately ran to his master, who was a farmer.

The farmer spoke to me, but the sound of his voice pierced my ears like a watermill.

Eeeek!

His wife screamed as at the sight of a toad or a spider, but was soon reconciled.

The children received me very warmly. They also put me to bed, saying that I would be tired.

I slept for about two hours, and dreamt that I was at home with my wife and children. That added to my sorrows, as when I woke up, I found myself alone in a vast room, lying in a huge bed.

Just then, two rats crept up the bed sheet, and had the boldness to attack me on both sides.

I quickly took off my belt and slit their throats. If I had taken off my belt before I went to sleep, I would have been torn to pieces and devoured!

In the market, I was placed upon a table. My little nurse sat next to the table to take care of me, and direct what I should do.

My master, to avoid a crowd, would allow only thirty people at a time to see me.

I walked about on the table as Glumdalclitch commanded. She asked me questions and I answered them as loudly as I could.

I used some other speeches I had been taught... and I drew out my sword, and waved it like the fencers in England.

I was shown to twelve sets of company that day, and was forced to do the same silly tricks again and again, till I was half dead with weariness and exhaustion.

My master demanded the rate of a full room whenever he showed me at home. Finding how profitable I was likely to be, he resolved to carry me to the most important cities of the kingdom.

We made easy journeys as Glumdalclitch, on purpose to spare me, complained that she was tired with the trotting of the horse. I was shown in eighteen large towns, besides many villages and private families.

On 26th October, we arrived at the metropolis, Lorbrulgrud, or Pride of the Universe. My master took lodging in the main street of the city, not far from the royal palace.

The amount of work I underwent every day changed my health considerably in a few weeks. I had lost my appetite, and was almost reduced to a skeleton.

The farmer observed it, and concluding I would soon die, resolved to make as much use of me as he could. News of my presence in Lorbrulgrud soon reached the court.

One day, a slardral, or gentleman usher, came from the court, commanding my master to carry me immediately there to entertain the queen.

I fell on my knees, and begged the honour of kissing her foot, but this gracious princess held out her finger towards me.

<Would you be content to live at court, Lemuel Gulliver?>

<I'm my master's slave, but if I were at my own disposal, I would be proud to devote my life to Your Majesty's service.>

She then asked my master whether he was willing to sell me at a good price.

He demanded a thousand pieces of gold, which were given to him on the spot.

<I must beg your favour, that Glumdalclitch, who has always tended me with so much care and kindness...>

<...might be admitted into your service, and continue to be my nurse and instructor.>

The queen agreed to my petition, and easily got the farmer's consent.

<He might be an embryo, or abortive birth.>

<I don't think so. His limbs are perfect and finished.>

The queen carried me to the king, and he sent for three great scholars. They examined me thoroughly and debated for hours, but could not reach any conclusion.

In the meantime, a convenient apartment was provided for Glumdalclitch at court.

The queen commanded her own cabinet-maker to prepare a box that would serve me as a bed-chamber.

And a nice workman undertook to make me two chairs and two tables, with a cabinet to put my things in.

The room was quilted on all sides – the floor and the ceiling also – to prevent any accident from the carelessness of those who carried me.

I desired a lock for my door, to prevent rats and mice from coming in, and the smith made the smallest key ever seen among them.

The queen likewise ordered the tailors to make me clothes of the thinnest silks, and I had an entire set of silver dishes, the same kind as in a London toy shop.

Then, one day, a kite hovering over the garden made a swoop at me, and if I had not resolutely drawn my sword, and run behind a tree...

...he would have certainly carried me away in his talons.

Time passed. One day, I told the queen that I wanted to go boating in the waters. She granted my request immediately and ordered her carpenter to make a wooden trough three hundred foot long, fifty foot broad, and eight foot deep.

After it was made, I often used to row for my own entertainment, as well as that of the queen and her ladies.

Once, a frog climbed on my boat, and made it lean so much on one side, that I was forced to balance it with all my weight on the other, to prevent overturning.

After I got control on my boat, I banged the frog a good while with one of my oars, and at last forced it to leap out of the boat.

But the greatest danger I ever underwent in that kingdom was from a monkey.

Fastening my handkerchief to a stick, and thrusting it up a hole, I called for help till I was almost hoarse.

HELP! HELP!

Then I heard a trampling over my head, and somebody calling through the hole with a loud voice in the English tongue.

If there is anybody below, speak up.

The captain had sent out his longboat to discover what I was. The men found me and rescued me from what they thought was a swimming house.

I was then taken to the captain who desired that I would give him an account of my travels.

Convinced of the truth, he wondered at my speaking so loudly, and asked me whether the king or queen of that country were hard of hearing.

I told him it was what I had been used to for over two years!

We came into the Downs, on 3rd June 1706, about nine months after my escape.

Observing the littleness of the houses, the trees, the cattle, and the people, I began to think myself in Lilliput.

My wife protested that I should never go to sea again, although my evil destiny so ordered that she had no power to stop me.

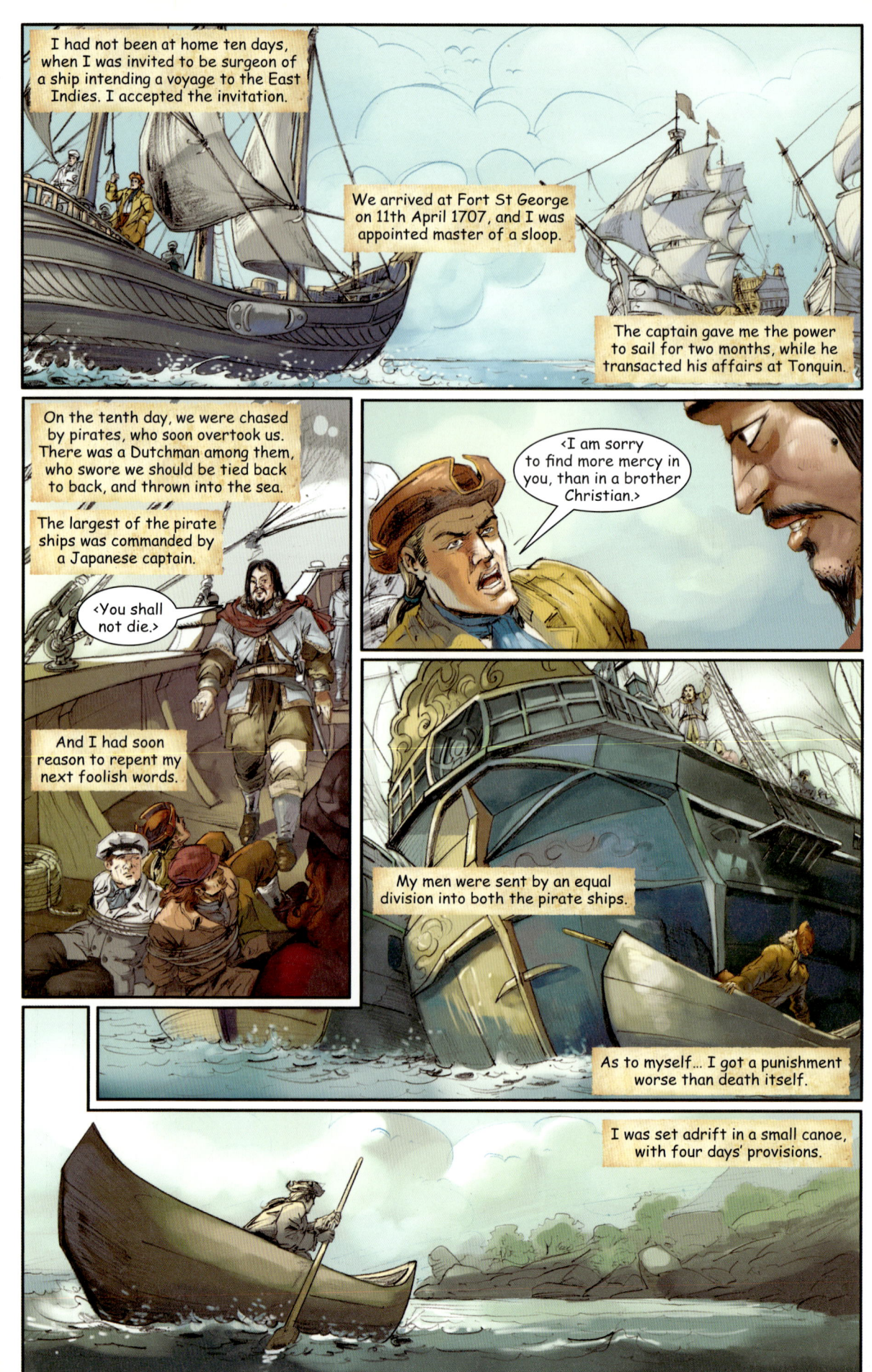

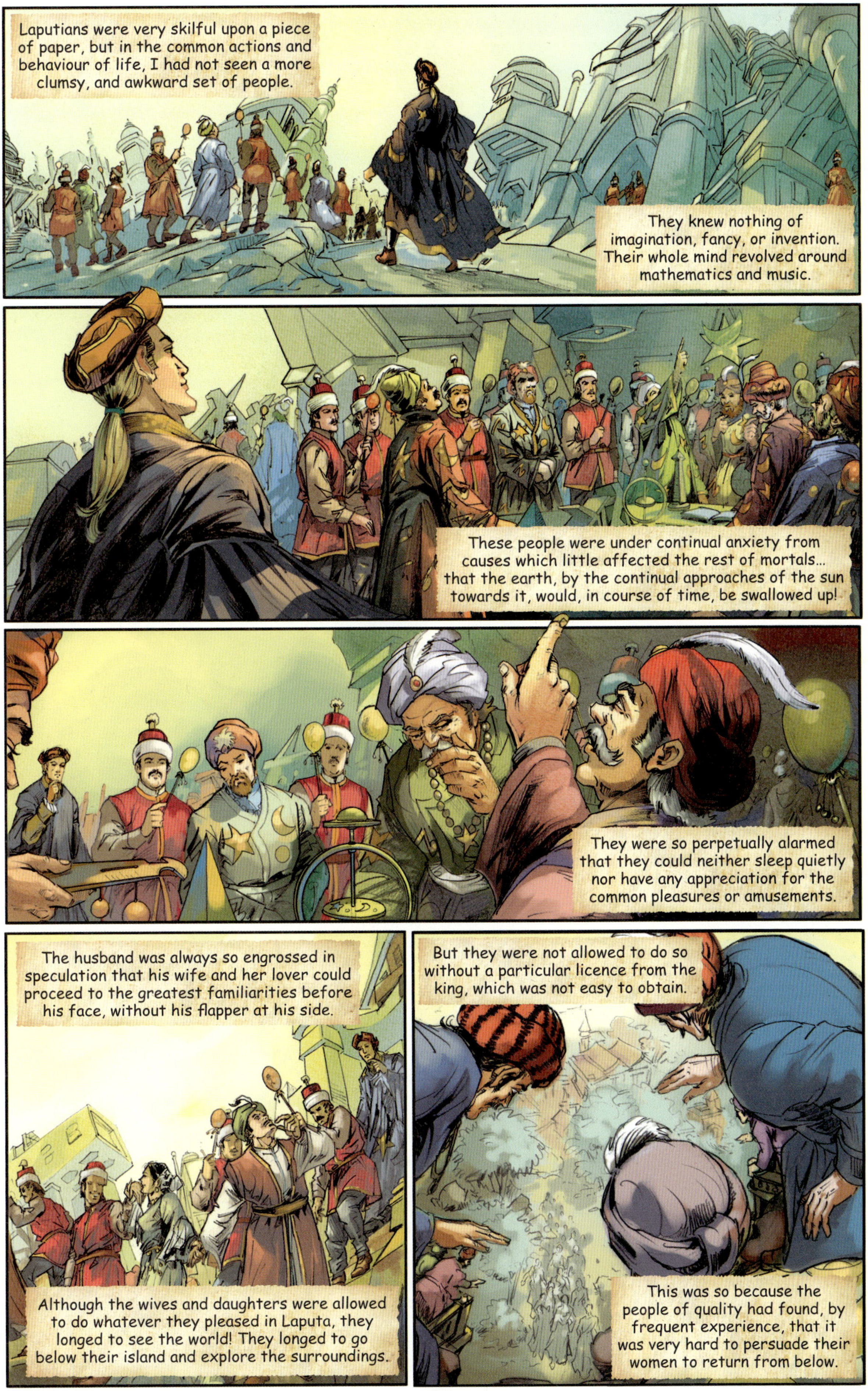

Laputians were very skilful upon a piece of paper, but in the common actions and behaviour of life, I had not seen a more clumsy, and awkward set of people.

They knew nothing of imagination, fancy, or invention. Their whole mind revolved around mathematics and music.

These people were under continual anxiety from causes which little affected the rest of mortals... that the earth, by the continual approaches of the sun towards it, would, in course of time, be swallowed up!

They were so perpetually alarmed that they could neither sleep quietly nor have any appreciation for the common pleasures or amusements.

The husband was always so engrossed in speculation that his wife and her lover could proceed to the greatest familiarities before his face, without his flapper at his side.

But they were not allowed to do so without a particular licence from the king, which was not easy to obtain.

Although the wives and daughters were allowed to do whatever they pleased in Laputa, they longed to see the world! They longed to go below their island and explore the surroundings.

This was so because the people of quality had found, by frequent experience, that it was very hard to persuade their women to return from below.

Content with the old forms, the lord was looked on with an eye of contempt.

"I am not liked much here, so I will not go with you inside the academy. My friend here will bear you company."

I was received very kindly by the warden, and went to the academy for many days.

Every room had one or more projectors, and I believe I visited more than five hundred rooms.

I went into one chamber, but was ready to hurry back, a horrible stink assailed me.

My conductor explained that this projector's aim was to reduce human excrement to its original food, by separating the several parts...

...blowing the odour out, and scumming off the saliva.

Then, there was a most ingenious architect who had discovered a new method for building homes, by beginning at the roof.

His idea was justified by the similar practice of two sensible insects, the bee and the spider.

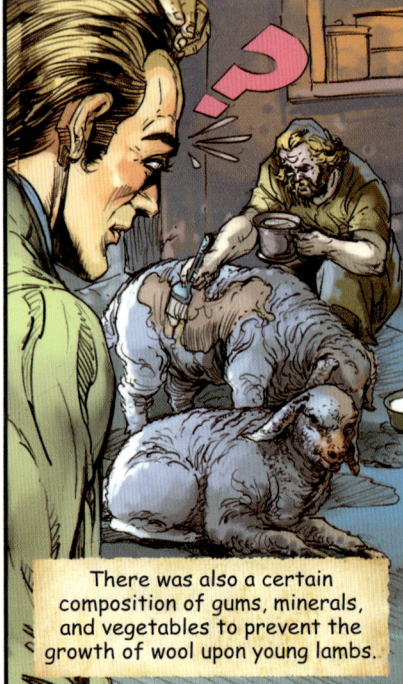

There was also a certain composition of gums, minerals, and vegetables to prevent the growth of wool upon young lambs.

The scientist hoped, in a reasonable time, to propagate a breed of naked sheep all over the kingdom.

44

I also went to a school of languages and saw a scheme for completely abolishing all words as a great advantage to people's health.

The logic was – every word we speak, results in some degree, a dwindling of our lungs by corrosion, and contributes to the shortening of our lives.

A measure was offered that it would be more convenient for all men to carry with them all things necessary to express whatever they were supposed to speak about!

I was most surprised when I went to the school of political projectors. There, a professor offered a wonderful device to reconcile violent parties.

Take a hundred leaders of each party, and divide them into couples – one from each party. Then let two operators saw off the neck of each couple.

Then equally divide and interchange the brains, applying each to the head of his opposite-party man.

Two half brains being left to debate the matter within the space of one skull, would soon come to a good understanding.

I saw nothing in this country that could invite me to stay longer, and I began to think of returning home to England.

I decided to direct my course to the island of Luggnagg, southeast of Japan, in order to return to Europe.

I took leave of the governor of Glubbdubdrib, and went to Luggnagg.

I was received by the king, and was given the honour to lick the dust before his footstool. Soon I found it to be more than a matter of form.

Care was taken that the dust was not offensive. Sometimes, the floor was strewn with dust on purpose.

When the king wanted to put any of his nobles to death, he got the floor strewn with some deadly brown powder.

I stayed three months in that country, and one day, got a chance to see a struldbrug, or immortal.

Sometimes, though very rarely, a child happened to be born with a red circular spot, a mark that it would never die.

And in the course of time, it grew larger and changed its colour. These productions were a mere effect of chance.

Happy nation!

The people were blissfully unaware of the depression caused by the continual worry of death.

51

The sorrel nag offered me food. I returned the roots and flesh offered to me as civilly as I could.

The master horse, by signs and words, made me understand the concern that he had – that I had nothing to eat.

I arranged to make a kind of bread from oats, which would have been sufficient, with milk, to keep me alive.

I ground and beat oats between two stones and made them into a paste or cake, which I toasted at the fire.

The master horse ordered a place for me to lodge in, separated from the stable of the yahoos. He also made arrangements for me to learn their language.

He was most perplexed about my clothes, reasoning sometimes with himself whether they were a part of my body...

...for I never pulled them off till the family were asleep, and got them on before they woke up in the morning.

But it happened one early morning that my master sent the sorrel nag, who was his valet to fetch me.

When he came, I was fast asleep. I woke up at the noise he made.

Why does he look so worried?

He gave me my master's message in a strange manner. After that, he went to him, and in a great fright, gave him a very confused account of what he had seen.

When I went to meet my master, he told me that his servant had reported that I was not the same thing when I slept as I appeared to be at other times.

That some part of me was white, some yellow, at least not so white, and some brown.

I had, until then, concealed the secret of my dress, in order to distinguish myself from that cursed race of yahoos. But now I found it in vain to do so any longer.

I, therefore, told my master that those of my kind always covered their bodies for decency as well as to avoid unpleasant weather.

I decided to take off my clothes and convince him. But I also told him that I would like to be excused if I did not expose those parts that nature had taught us to conceal.

He said that my speech was all very strange. He could not understand why nature should teach us to conceal what nature had given.

He ordered me to put on my clothes again, for I was shivering with cold.

He was at a loss to understand how the law, which was intended for every man's protection, could be any man's ruin.

I explained to him that there were men among us who could prove by words that white was black and black was white, according to what they were paid.

Explaining all that was easy, but I found myself in much pain when I had to describe the use of money to him.

That the bulk of our people were forced to live miserably, by labouring every day for small wages to make a few live plentifully.

That from other countries, we brought the materials of diseases, folly, and vice.

He could easily understand that a yahoo grew weak a few days before his death, or by some accident, might hurt a limb.

My master was sure I must have been born of some noble family because I far exceeded in shape, colour, and cleanliness all the yahoos of his nation.

I told him we fed on a thousand things which operated contrary to each other – that we ate when we were not hungry, and drank without thirst.

I explained that our young noblemen were bred from their childhood in idleness and luxury.

A weak, diseased body and a sallow complexion, were the true marks of noble blood.

After spending time with them, my eyes opened to the many virtues of those excellent animals as opposed to human corruptions...

...and I began to view the actions and passions of man in a very different light.

I entered a firm resolution never to return to human beings, but to pass the rest of my life among these admirable houyhnhnms.

My master told me the yahoos were known to hate one another more than they did any other species of animals.

If you threw among five yahoos food sufficient for fifty, they would fall together by the ears, each trying to have all to itself.

In some fields of his country, there were certain shining stones of several colours, which the yahoos were violently fond of.

They were also very fond of a kind of juicy root. It produced the same effects in them that wine did upon us.

It would make them sometimes hug, and sometimes tear one another, and then fall asleep in the mud.

He doubted it would be possible for me to swim to another country, and wished I would invent some sort of vehicle. He was very excited when I told him I could make a canoe.

He allowed me the time of two months to finish my boat, and ordered the sorrel nag to follow my instructions.

I was struck with utmost grief and despair.

How could I think of passing my days among yahoos, and relapsing into my old corruptions?

When the canoe was ready, I took leave of my master and lady, and the whole family, and my heart sank with grief.

But my master, out of curiosity, and perhaps partly out of kindness...

...was determined to see me in my canoe.

And as I was going to bend myself to kiss his hoof...

OF MONSTERS AND MIDGETS

Stories for children have always been peppered with interesting and memorable monsters and midgets. Some midgets are lovable and some are naughty. There are monsters that are friendly, monsters that threaten and scare, and those that, when challenged, give rise to heroes.

Thumbelina

Once upon a time, a woman longed for a child. She went to a witch who gave her a magic seed. When planted, a girl no bigger than a thumb, emerged from its flower. She was named Thumbelina. One day, a wicked toad kidnapped her while she was asleep. He wanted her to marry his son. But Thumbelina escaped, and drifted on a lily pad till a beetle captured her. Luckily, the beetle let her go as his friends did not like her.

Cold and hungry, Thumbelina wandered around till she was given shelter by a field mouse. But the mouse wanted Thumbelina to marry her neighbour, a mole. Once again, Thumbelina fled on the back of a swallow whom she had helped. She then landed in a field of beautiful flowers where she met a fairy prince just her size. They fell in love and married, and lived happily ever after.

Jack and the Beanstalk

One day, Jack's mother sent him to the market to sell their cow. On the way, Jack met a stranger who offered to give him five magic beans for the cow. Jack accepted them and went home. Angry at him, Jack's mother threw the beans out of the window.

In the morning, Jack saw a huge beanstalk in their garden. Climbing it, he arrived in a castle in a land of clouds that was the home of a giant. The giant tried to catch him but Jack managed to escape with a big bag of gold coins!

The second time Jack climbed up the beanstalk, he stole a hen that laid golden eggs. The third time, he stole a harp that could talk. The harp called out to the giant for help. The giant chased Jack down the beanstalk. Jack escaped and managed to chop down the beanstalk just in time. That was the end of the giant and the magic beanstalk.

Rumpelstiltskin

A miller once lied to the king that his daughter could spin straw into gold. The king locked the girl in a tower and told her to spin stacks of straw into gold by morning. She had to do this for three nights, or else be killed.

The frightened girl began crying, when suddenly, a strange dwarf appeared and spun straw into gold in return for her necklace. The next night, he did it for her ring. On the third night, when she had nothing to give him, he made her promise to give him her first-born child.

The king was so pleased with the spun gold that he married the miller's daughter. When their first child was born, the dwarf came for the baby. The worried queen offered him jewels, but the dwarf refused it all. He finally agreed to drop his demand if the queen could guess his name in three days.

For the first two days, the queen failed. Just before the third day, her messenger discovered the dwarf's cottage and overheard him singing his name – Rumpelstiltskin. When the dwarf came on the third day, she happily revealed his name. Thereafter, Rumpelstiltskin never came back again.

The Selfish Giant

Once, a selfish giant saw children playing in his beautiful garden. He got angry and built a wall to keep them out. As he did that, all the flowers ceased to bloom and the birds left the garden.

The giant realised his mistake but could do nothing. One day, the giant saw the garden in full bloom as the children returned through a gap in the wall. On seeing him, all the children ran away, except for one little boy. The giant helped the boy climb a tree and the boy kissed him in return. The giant was so happy he knocked down the wall and the children began to play there again.

Years later, when the giant was old, he saw the trees in one part of his garden in full bloom. He saw the same little boy lying under a tree with white flowers. The boy was actually the Christ Child. He smiled and told the giant that he would take the giant to his garden which was Paradise. The happy giant then died and was found lying under the tree, covered with flowers.

DID YOU KNOW

1. 'Yahoo!', the web portal, is an acronym for Yet Another Hierarchical Officious Oracle? Founders David Filo and Jerry Yang selected the name because they jokingly considered themselves yahoos.

2. When *Gulliver's Travels* was published in 1726, the author's name did not appear on the book? The title page read *Travels into Several Remote Nations of the World*, by Lemuel Gulliver. Travel books of the time told many tales that were as strange as the imaginary adventures of Gulliver.

Hyejiwon English-Korean Graphic Novels Series

혜지원 영한 대역 그래픽 노블 시리즈는
여러분께 영어 학습 효과는 물론 재미와 감동까지 선사합니다.

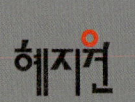 

그래픽 노블 시리즈
지킬 박사와 하이드 정가 : 12,000원

그래픽 노블 시리즈
베니스의 상인 정가 : 12,000원

그래픽 노블 시리즈
타임머신 정가 : 12,000원

그래픽 노블 시리즈
오즈의 마법사 정가 : 12,000원

혜지원 Graphic Novel Series

그래픽 노블 시리즈
황야의 부름   정가 : 12,000원

그래픽 노블 시리즈
해저 2만리   정가 : 12,000원

그래픽 노블 시리즈
왕자와 거지   정가 : 12,000원

그래픽 노블 시리즈
크리스마스 캐럴   정가 : 12,000원

This book belongs to:

초판 인쇄일 | 2012년 4월 13일
초판 발행일 | 2012년 4월 20일
지은이 | Jonathan Swift
번역자 | 한미전
발행인 | 박정모
발행처 | 도서출판 혜지원
주소 | 서울시 동대문구 장안1동 420-3호
전화 | 02)2212-1227
팩스 | 02)2247-1227
홈페이지 | http://www.hyejiwon.co.kr

편집진행 | 김형진, 이희경
전산편집 | 이희경
표지디자인 | 안홍준
영업마케팅 | 김남권, 황대일, 서지영
ISBN | 978-89-8379-717-9
　　　　　978-89-8379-710-0 (세트)
정가 | 12,000원

Copyright © 2010 Kalyani Navyug Media Pvt Ltd
Published by Campfire, an imprint of Kalyani Navyug Media Pvt Ltd.
Korean Translation Copyright © 2012 by Hyejiwon Publishing
All rights reserved.
Including the rights of reproduction in whole or in part in any form.

이 책은 한국판 저작권을 Campfire와 혜지원이 독점 계약하여 펴내는 책으로
저작권법에 의해 보호를 받는 저작물이므로 어떠한 형태의 무단 전재나 복제를 금합니다.

● 잘못 만들어진 책은 구입한 서점에서 교환해 드립니다.

작가에 대하여

조너선 스위프트는 1667년 11월 30일 아일랜드 더블린에서 태어났습니다. 그의 첫 직장은 은퇴한 외교관이면서 스위프트 가족과 친분이 있었던 윌리엄 템플 경의 비서직이었습니다. 스위프트는 또한 성직자로 임명받았습니다.

스위프트는 익명이나 가명으로 많은 수필과 정치 소평론을 쓴 뒤, 1704년에 그의 첫 번째 대표작 『통 이야기』를 출간했습니다. 그는 1710년부터 1711년까지는 영국에서 '디 이그제미너' 편집장으로 재직했습니다. 그는 통렬하게 풍자적인 수필과 소설을 통해 당대의 가장 중요한 사회적, 정치적, 종교적 쟁점들을 강조했습니다. 가장 유명한 그의 두 작품은, 1726년 레무엘 걸리버라는 가명으로 첫 출간한 『걸리버 여행기』와 1729년 가난한 사람들은 식량을 얻기 위해 부자들에게 자식을 팔 수 있음을 제시한 풍자 수필 『겸손한 제안』입니다.

조너선 스위프트는 1745년 사망했습니다. 그는 여전히 가장 위대한 풍자 작가 중 한 사람으로 손꼽히고 있습니다.

영국

나는 항상 여행이 내 운명이라고 믿었다.

나는 항해술과 여행하는 사람들에게 유익한 수학의 다른 분야들을 배우는 데 내 돈을 사용했다.

레무엘 걸리버, 맞소? 당신을 적극 추천하더군요.

나는 스왈로 호의 선상 의사가 되기 위해 런던의 유명한 외과의사이자 훌륭한 스승인 제임스 베이츠 씨의 추천을 받았다.

아브라함 파넬 선장과 3년 반 동안 일을 한 후, 나는 런던에 정착하기로 결심했다. 환경을 바꿔보라는 충고를 받고, 나는 메리 버튼과 결혼했다.

우리는 1699년 5월 4일, 브리스톨에서 항해를 시작했다. 처음에는 항해가 아주 순조로웠다. 하지만 곧, 거센 폭풍을 만나 반 디멘스 랜드의 북서부 해역까지 밀려갔다.

작은 배를 바다에 내린 나를 포함한 여섯 명의 선원은 배와 바위를 피하기 위해 애를 먹었다. 우리는 더 이상 노를 저을 수 없을 때까지 노를 저었다.

그러나 사업이 기울기 시작하면서 다시 바다에 나가기로 했다. 나는 앤텔로프 호의 주인인 윌리엄 프리처드 선장의 유리한 제안을 받아들였다.

선원 가운데 12명은 과로와 영양실조로 죽었고, 나머지도 아주 허약한 상태에 빠졌다.

약 30분 후, 북쪽에서 밀려온 급류에 작은 배가 뒤집히고 말았다.

동료들이 어떻게 됐는지 알 수는 없었지만, 나는 모두 죽은 것으로 판단했다. 다른 사람은 모르겠는데, 나는 행운이 알려준 대로 헤엄을 쳤고 바람과 파도에 이리저리 밀려다녔다.

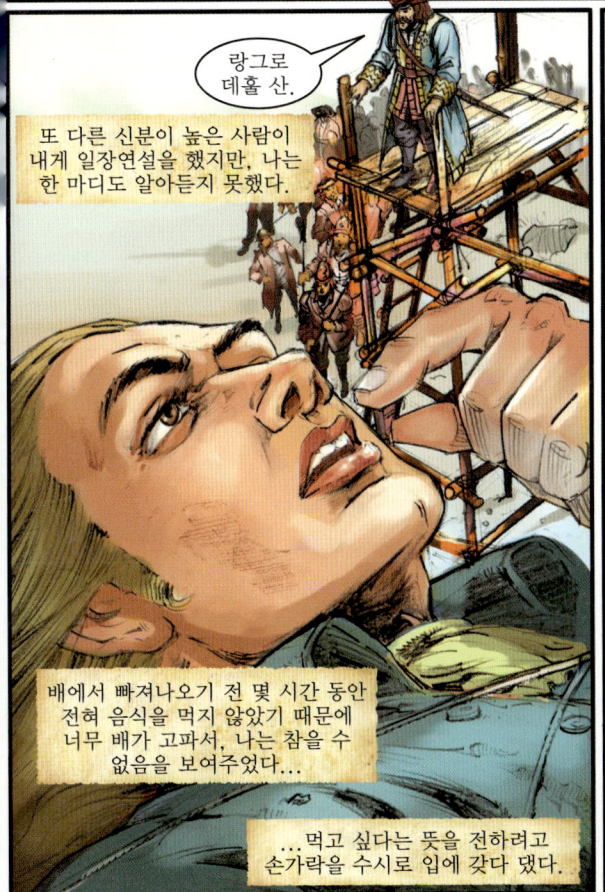

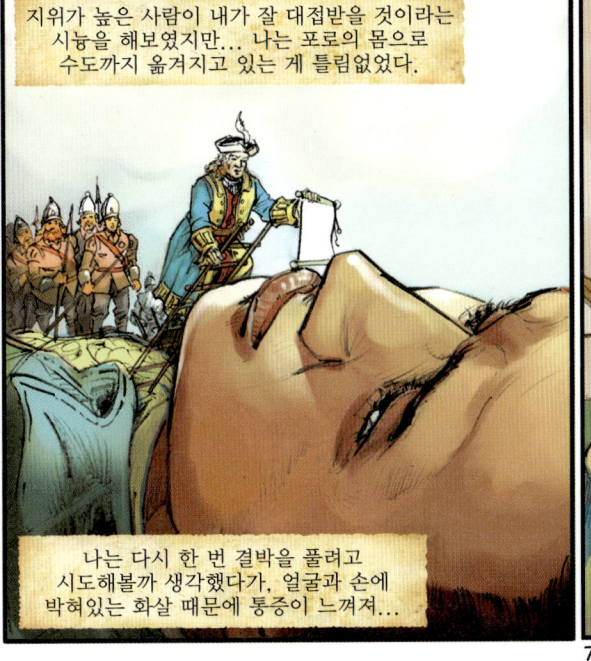

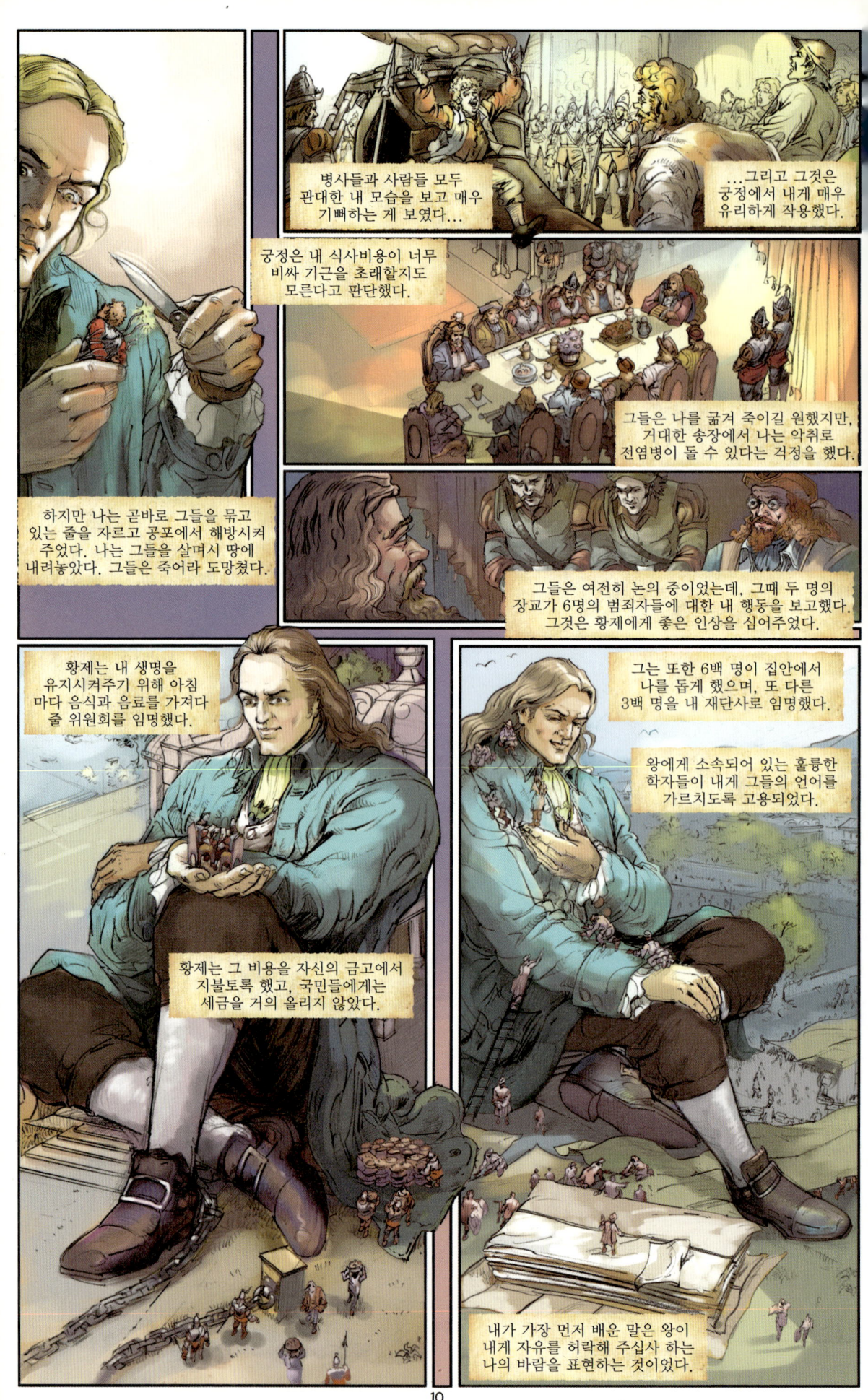

나는 적들의 배에 의해 발각될까 두려워 해안 근처에 나타나는 것을 피했다.

그리고 안전거리를 유지하면서 망원경을 이용해 적들의 군함을 살폈다. 그들은 약 50척의 군함과 엄청난 수의 수송선으로 이루어져 있었다.

그런 다음 나는 기술을 고안해 냈다. 렐드레살에게 아주 튼튼한 밧줄과 쇠막대기를 준비시켰다.

나는 이 쇠막대기를 함께 꼬아서, 끝을 쇠갈고리 모양으로 구부리고 50개의 갈고리를 밧줄에 고정시켰다.

그런 다음 이 밧줄을 들고 적의 배를 향해 걸어갔다.

그들은 나를 보고 너무나 두려운 나머지 배에서 뛰어 내려 해안까지 헤엄쳐 갔다.

각각의 뱃머리에 있는 구멍에 갈고리를 고정시키고 밧줄들을 한 끝에 모아서 묶었다.

내가 그렇게 하는 동안 적은 수천 개의 화살을 쏘았다. 심한 통증 말고도 내가 하는 일에 방해가 되었다.

눈이 가장 걱정스러웠다. 재빨리 안경을 쓰기로 결정하지 않았다면, 분명히 실명할 수도 있었다.

나는 그런 다음에 닻을 고정시킨 줄을 칼로 잘랐고, 얼굴과 손에 2백여 개의 화살을 맞았다.

툭
툭

나는 왕이 내게 베풀어준 것에 대한 고마움을 표시하고 싶었다. 방법을 찾고 있던 중에 그에게 봉사할 기회가 생겼다. 한밤중 출입구에서 수백 명의 사람들이 울부짖는 소리에 잠을 깼다.

왕의 거처에 화재가 발생했다. 사람들은 어찌할 바를 모르고 주변을 우왕좌왕하며 양동이로 물을 퍼 날랐다.

양동이들은 큰 골무 크기 정도였고, 그 불쌍한 사람들은 최대한 빨리 나에게 양동이들을 가져다주었다. 그러나 화염이 너무 강해 그 정도로는 거의 효과가 없었다.

전날 밤에 나는 아주 맛있는 포도주를 잔뜩 마시고 소변을 보지 않은 상태였다.

3분 만에 화재가 완전히 진화되었다. 하지만 나는 왕이 내가 한 행동 때문에 역정을 낼까봐 말을 할 수 없었다.

곧 내 판단이 옳았음이 밝혀졌다. 왕궁의 땅에 소변을 보는 것은 그게 누구든지 범죄라는 것을 알게 되었다.

그 건물을 사용하기 위해 수리하려는 것을 여왕이 완강하게 거부했다는 말을 나중에 들었다. 그리고 그녀는 시녀들 앞에서 복수를 다짐했다.

시장에서 나는 탁자 위에 올려졌다. 나의 꼬마 보호자는 나를 보살펴주려고 탁자 옆에 앉아 내가 할 일을 알려주었다.

주인은 인파를 피하기 위해 한번에 30명씩만 나를 보게 했다.

나는 글럼달클리치의 지시에 따라 탁자 위를 걸었다. 그녀가 질문을 하면 나는 최대한 큰 소리로 대답했다.

배워둔 몇 가지 연설을 사용했고... 내 칼을 빼들어 영국 검객들처럼 휘둘렀다.

그날 나는 12번 시범을 보였으며, 완전 녹초가 돼 거의 반죽음 상태가 될 때까지 똑같이 우스꽝스러운 묘기를 강요당했다.

주인은 집에서 나를 구경시킬 때에도 손님이 만원일 때와 같은 요금을 요구했다. 내가 얼마나 수익성이 좋은지 알게 되자, 그는 왕국에서 가장 중요한 도시들로 나를 데리고 다니기로 했다.

글럼달클리치가 나를 편하게 해주려고 말 타는 데 지쳤다고 불평을 해서 우리는 편하게 다녔다. 나는 여러 마을과 개인 가족들 외에도 열여덟 개 대도시에 소개되었다.

10월 26일, 우리는 로브럴그러드, 혹은 '우주의 자존심'이라는 수도에 도착했다. 주인은 궁궐에서 멀지 않은 도시 중심에 숙소를 정했다.

고맙게도 여왕이 곤경에 빠진 나를 발견해 구해주었다. 난쟁이는 실컷 매질을 당했고 나를 집어던진 크림을 강제로 들이켜야 했다. 그리고 그는 총애를 회복하지 못했다.

〈전부 다 마셔야 해.〉

여왕은 나를 좋아했지만 모두가 그렇진 않았다. 그 나라에서 가장 작은 존재로 여왕이 데리고 있는 난쟁이는 자기보다 월등히 작은 생명체를 보더니 무례해졌다. 그는 내가 작은 것을 두고 한두 마디 빈정대기를 잊지 않았다.

어느 날, 그가 크림이 담긴 커다란 은그릇에 나를 떨어뜨리고 재빨리 도망쳤다.

왕비는 내가 겁내는 것을 수시로 놀렸다. 그녀는 영국 사람들이 나처럼 엄청난 겁쟁이들인지 묻곤 했다. 그 원인은 이랬다…

…던스터블 종달새만큼 큰 파리들이 저녁 식탁에서 나를 가만 두지 않았다.

어느 날 아침, 아침 식사 냄새를 맡은 20여 마리의 말벌들이 방으로 날아 들어와…

나는 벌들 가운데 4마리를 죽였는데, 그 침 길이가 4센티미터나 되었고 바늘처럼 날카로웠다.

파리들은 종종 내 음식에 날아와 앉아 구역질나는 배설물을 남겼는데, 그 나라 사람들에게는 안 보였지만 내 눈엔 아주 잘 보였다.

…수많은 백파이프의 저음보다 더 크게 웅웅거리며 벌침 공격에 대한 엄청난 공포로 나를 몰고 갔다.

그리고 또 어느 날, 정원 위를 맴돌던 솔개가 나를 향해 급강하했다. 만약 내가 단호하게 칼을 꺼내들고 나무 뒤에 숨지 않았다면…

…솔개는 분명 나를 발톱으로 잡아챘을 것이다.

시간이 흘렀다. 어느 날, 나는 여왕에게 물에서 뱃놀이를 하고 싶다고 말했다. 그녀는 즉각 내 요구를 들어주었고, 목수에게 길이 90미터에 폭 15미터, 깊이 2.5미터 크기의 나무 물통을 만들라고 지시했다.

그것이 만들어 진 후에 나는 여왕과 그녀들을 즐겁게 해줄 뿐만 아니라 나 또한 뱃놀이를 즐기곤 했다.

한 번은 개구리가 내 배에 올라타 배가 한쪽으로 기울어 버렸다. 나는 배가 전복되지 않게 하려고 다른 쪽으로 힘을 실어 균형을 잡아야 했다.

배의 균형을 잡고 나서 노를 들고 한참동안 개구리를 때렸다. 그러자 개구리가 배에서 뛰어내렸다.

하지만 내가 왕궁에서 겪었던 가장 큰 위험은 원숭이로 인한 것이었다.

라퓨터 사람들은 종이를 이용한 기술에 매우 뛰어났지만 생활 속의 일반적인 행동과 태도를 보면 그렇게 둔하고 어색한 사람들일 수가 없었다.

그들은 상상력, 공상, 또는 발명 같은 것을 전혀 몰랐다. 모든 생각이 수학과 음악 중심으로 돌아갔다.

이 사람들은 다른 인간들에게는 거의 영향을 미치지도 않는 이유로 늘 분노에 쌓여있었다… 태양이 지구를 향해 계속 다가와 머지않아 지구가 먹혀버리는 것은 아닐까와 같은!

그들은 지속적으로 일깨움을 받기 때문에 깊이 잠을 잘 수도, 평범한 기쁨이나 재미를 즐길 수도 없었다.

남편은 항상 깊은 사색에 잠겨 있기 때문에, 옆에서 때려주는 사람이 없다면 아내와 그녀의 연인이 남편 앞에서 아주 친근하게 행동할 수 있었다.

아내들과 딸들이 라퓨터에서 마음대로 행동할 수는 있었지만 그들은 간절히 세상을 보고 싶어 했다! 그들은 섬 아래로 내려가 그곳을 탐험하고 싶었다.

하지만 왕의 특별 허가 없이는 그것이 허락되지 않았고, 허락을 구하기란 쉽지 않았다.

그 이유는 잦은 경험에 미루어 많은 사람들이 아래 세계로부터 여자들을 돌아오게 하기가 쉽지 않다는 것을 알게 됐기 때문이었다.

이 모든 정보들은 내가 그곳에 머문 두 달 동안 대화를 나눴던 여자들, 상인들, 때리는 사람들, 그리고 궁정의 하인들한테서 얻은 것들이었다.

이들은 합리적인 답을 들을 수 있었던 유일한 사람들이었다.

나는 그다지 도움도 받지 못하는 섬에 얽매어 지내는 것이 점점 짜증나서 떠나기로 결심했다.

궁궐에는 그들 가운데 가장 무식하고 멍청한 사람으로 인식되어 있는 고관이 한 사람 있었다.

그는 진실하고 명예로운 사람이었으나 음악은 몰랐다. 선생들이 수학에서 가장 쉬운 계산을 가르칠 수 없을 정도였다.

나는 이 유명한 사람이 나 대신 왕에게 가서 내가 떠날 수 있게 허락해 달라는 말을 해달라고 부탁했다.

2월 16일, 나는 라가도 시에 사는 그의 친구 무노디 경에게 전해줄 추천장을 들고 떠났다.

또한 언어 학교에 가서는 인간의 건강에 크게 유리하다며 모든 단어를 완전히 폐지시키려는 계획을 목격하기도 했다.

논리는 이랬다. 우리가 말하는 모든 단어가 부식작용 때문에 우리의 폐를 어느 정도 축소시키는 결과를 초래하며, 인간의 생명을 단축시킨다는 것이었다.

모든 사람들이 자신이 표현하고자 하는 말에 해당되는 물건들을 가지고 다니는 것이 훨씬 편리하다는 주장이었다!

정치학교 프로젝터에 들어갔을 때 가장 놀랐다. 그곳에서 한 교수가 폭력 당파들을 화해시키는 놀라운 장치를 내놓았다.

각 당에서 백 명의 지도자들을 데려와, 각 당에서 한명씩 불러 한 쌍을 만듭니다. 그런 다음 두 의사가 각자 커플의 목을 자르게 합니다.

뇌를 똑같이 분리한 다음, 상대 정당 사람의 머리에 넣어 뇌를 바꾸는 겁니다.

하나의 두개골 속에서 두 개의 반쪽 뇌들이 문제를 논의하면 금방 잘 이해하게 될 겁니다.

나는 이 나라에서 더 볼 게 없다는 걸 알고, 조국 영국으로 돌아갈 생각을 하기 시작했다.

나는 유럽으로 돌아가기 위해 일본 남동쪽에 있는 럭나그 섬으로 가는 항로를 택했다.

럭나그로 가는 배들은 한 달 내에 출발할 수 없었다.

그래서 '마법사들의 섬'이라는 글럽더브드립에 잠깐 들르기로 했다. 한 고명한 사람이 나와 함께 가주겠다고 제안했다.

나는 글럽더브드립에서 주술로 죽은 사람들을 불러내는 능력을 가진 지도자를 방문했다.

나는 24시간 동안 시중을 들도록 명령할 수 있으나, 그 이상은 안 되오.

세상의 시작부터 현재까지 부르고 싶은 사람은 누구든 골라서 부르시오.

그리고 그들이 살았던 시대에 한해 어떤 질문에도 답하라고 명령하시오.

확실한 건 그들이 당신한테 진실을 말할 거라는 것이오. 거짓말은 저승에서 아무 쓸모없는 재주이기 때문이오.

알렉산더 대왕을 보고 싶습니다.

알렉산더 대왕은 내게 자신이 독살당한 것이 아니라, 과음으로 인한 열병 때문에 죽었다고 확실히 말해주었다.

잠시 후, 시저는 자신의 삶에서 가장 위대했던 행동들은 사람들을 죽여서 얻은 영광과는 달랐다고 말했다.

나는 글럽더브드립 지도자를 떠나 럭나그로 갔다.

나는 왕의 허락을 받아 그의 발판 앞에서 먼지를 핥는 영광이 주어졌다. 곧 그것이 의례적인 일 그 이상임을 알게 되었다.

먼지가 불쾌한 게 아니라는 걸 알게 되었다. 가끔, 일부러 먼지가 바닥에 뿌려지기도 했다.

왕은 귀족들을 사형에 처하고 싶으면 치명적인 갈색 가루를 바닥에 뿌렸다.

나는 그 나라에서 3개월 동안 머물렀다. 그러던 어느 날, 스트럴드브러그라는 죽지 않는 사람들을 볼 기회가 있었다.

매우 드물기는 하지만 영원한 삶의 표시인 붉고 동그란 반점을 갖고 태어나는 아기가 간혹 있었다.

충분히 시간이 지나면 그것은 더 커지고 색이 변했다. 이런 탄생의 기회는 매우 희박했다.

행복한 나라구나!

사람들은 다행스럽게도 죽음에 대한 끝없는 고민이 가져오는 우울함을 알지 못했다.

오래 사는 것은 누구나 갖고 있는 바람이고 인류의 희망으로 여겨지고 있다.

스트럴드브러그 사람들의 계속되는 예에서 보듯 럭나그 섬에서는 삶의 욕구가 그렇게 절실하지 않았다.

내가 생각하는 삶의 체계는 영원한 젊음, 건강, 그리고 활력을 의미했다. 하지만 스트럴드브러그의 경우는 아니었다.

그들은 노년이 가져오는 모든 일반적 폐해들을 끌어안고 영원히 살 수 있다는 생각과 계속 싸우고 있었다.

스트럴드브러그 사람들은 나이 80이 될 때까지 우울과 절망이 점차 늘어났고, 자연적 애착을 모두 잃었다.

그들은 80살에 법적으로 죽은 것으로 간주되어 상속인들은 곧바로 재산을 물려받았다.

그들은 90세가 되면 기억을 잃었다. 시간이 지나면서 언어가 계속 변해 스트럴드브러그의 한 세대가 다른 세대를 이해하지 못하게 되었다.

저렇게 사느니 저는 차라리 죽겠습니다.

이 왕국의 법들이 매우 합리적인 근거로 만들어졌다는 사실엔 동의하지 않을 수 없다. 그렇지 않았다면 죽지 않는 사람들이 나라 전체를 소유하게 되었을지도 모르겠다.

시간이 흘러 나는 집에 돌아가고 싶다는 뜻을 밝혔다.

끊임없는 거래가 럭나그와 일본제국 사이에 있었고, 나는 출발 허가를 받았다.

나는 영국을 향해 출발해, 5년 6개월 만에 고국에 도착했다.

나는 아내와 아이들과 함께 약 5개월 동안 아주 행복하게 집에서 지냈다.

하지만 항해하고 싶은 마음을 참지 못하고, 나는 배의 선장이라는 유리한 조건을 수락하고 말았다.

항해하던 중에 선원 몇 명이 선상에서 죽었다. 그래서 나는 바르바도스와 리워드 아일랜드에서 선원을 구하지 않을 수 없었다.

1711년 5월 9일에 새 선장이 나를 해안에 버리라는 명령을 내렸다.

그들 대부분은 해적이었는데, 그들은 다른 선원들을 꼬드겨 배를 장악하기 위한 음모를 꾸몄다.

나는 처음으로 마주칠 미개인들에게 항복하고...

...가지고 있던 팔찌와 장난감들을 주고 목숨을 구하기로 했다.

여러 개의 인간 발자국과 소 발자국을 봤는데, 말 발자국이 가장 많았다.

마침내 들판에서 몇몇 생명체를 보았다.

그들은 매우 이상하고 기형적인 모습을 하고 있었다. 그들의 머리와 가슴은 굵은 털로 덮여 있었고, 염소처럼 수염도 있었다.

몸의 나머지 부분은 맨살이었으며 피부는 황갈색인데 털은 갈색, 빨간색, 검은색, 그리고 노란색이었다.

여행을 하면서 그렇게 불쾌하게 생긴 동물을 본 적 없었고...

...나도 모르게 강한 반감이 일어나는 것 또한 처음이었다.

짐승들을 개화시킬 수 있는 사람은 전 세계 사람 중 지혜가 탁월한 사람들이 틀림없다.

〈야후.〉

〈흐우운. 흐우운.〉

나는 사람이 대답해 주기를 기다렸지만 같은 소리만 들릴 뿐 다른 대답은 들리지 않았다.

그 집에서 조금 떨어진 곳에 다른 건물이 있었다.

내가 처음 만났던 혐오스러운 동물 세 마리가 음식을 먹고 있었는데, 목이 기둥에 묶여 있었다.

주인 말은 하인들 가운데 하나인 적갈색 말에게 이 동물 중 가장 큰 놈을 풀어서 마당에 데려가라고 지시했다.

그 동물과 나를 가까이 세워놓고 우리의 모습을 유심히 비교했다.

〈야후.〉

이 역겨운 동물을 보았을 때 내가 느낀 공포와 놀라움이란 말로 설명이 안 될 정도였다...

...완벽한 인간 형상이었다!

두 말들이 가장 이해하기 어려웠을 것 같은 것은 내 신체의 나머지 부분들이 야후의 것과 많이 다르다는 점이었다...

...나는 옷을 입고 있었고, 그런 개념이 그들에게는 없었기 때문이었다.

주인 말을 만나러 가자, 내가 잠잘 때는 다른 시간에 비쳐진 모습과 다르더라는 하인의 보고 내용을 들려주었다.

내 몸의 일부는 희고, 어디는 노랗고, 그다지 희지도 않으면서 갈색도 있다는 것이었다.

그때까지 나는 저주받은 야후 종족과 나를 구별하기 위해 옷에 대한 비밀을 숨겨왔었다. 하지만 이제 더 이상 숨겨봐야 소용없다는 걸 알게 되었다.

그래서 나는 주인 말에게 옷이라는 것은 나쁜 날씨를 피하게 해줄 뿐만 아니라 예의를 지키기 위해 몸을 가려준다는 설명을 해주었다.

나는 옷을 벗어 확인시켜 주기로 했다. 자연이 인간에게 가리라고 가르쳐준 부분들은 노출하지 않을 테니 이해해 달라고도 말했다.

그는 내 말이 전부 이상하다고 했다. 자연이 줬으면서 왜 가리라고 가르쳐야 했는지 이해하지 못했다.

그는 내가 추위에 떨자 옷을 다시 입으라고 지시했다.

그는 모든 인간을 보호할 목적으로 수립된 법이 어떻게 인간을 파괴할 수 있는지 도저히 이해하지 못했다.

우리 가운데는 받는 돈에 따라 말로써 백을 흑이라 하고 흑을 백이라 증명해 보이는 사람들이 있다고 설명했다.

모든 것을 설명하는 건 쉬웠다. 하지만 돈의 사용에 대해 설명할 때는 무척 고통스러웠다.

대부분의 영국인은 소수의 풍요로운 삶을 위해 매일 적은 임금을 받고 노동을 해야 하는 비참한 삶을 강요받고 있다는 것.

우리는 다른 나라들로부터 질병, 어리석은 생각, 그리고 범죄를 가져온다는 것.

그는 야후가 죽기 전 며칠 동안 약해지거나, 사고를 당해 사지를 다칠 수 있다는 것을 쉽게 이해했다.

주인 말은 내가 그 나라의 어떤 야후들보다 생김새, 색깔, 청결함이 훨씬 뛰어나기 때문에 귀족 집안 사람임이 틀림없다고 확신했다.

우리는 서로 상반되게 작용하는 수많은 것들을 먹는다고 말했다. 배가 고프지도 않은데 먹고, 목이 마르지도 않은데 마시는 것처럼.

나는 우리나라의 젊은 귀족들이 어린 시절부터 게으름과 사치 속에서 자란다고 설명했다.

허약하고 병든 몸과 안 좋은 혈색이 귀족 혈통의 확실한 표시였다.

59

그들과 시간을 보내고 나자 인류의 타락과 반대되는 저 훌륭한 동물들의 많은 장점들에 내 눈이 떠졌다...

...그리고 인간의 행위와 열정을 새로운 시각으로 바라보게 되었다.

나는 다시는 인간으로 돌아가지 않고 이 존경스러운 후인흠들과 나머지 생을 보내겠다고 굳게 다짐했다.

주인은 야후들이 다른 동물 종족들에 비해 자기들끼리 더 미워하는 것으로 알려져 있다고 말했다.

만약 다섯 야후들 사이에 50명이 먹어도 충분한 먹이를 던져주면 그들은 각자 모두 차지하려고 싸울 것이다.

그의 나라에 있는 어느 들판에 몇 가지 색을 띠며 빛이 나는 돌들이 있는데, 야후들은 그것을 지독하게 좋아했다.

그들은 또한 즙이 많은 뿌리 종류를 매우 좋아했다. 그것은 포도주와 동일한 효과를 낳았다.

그것은 그들을 때로는 끌어안게, 때로는 서로 쥐어뜯은 다음 진흙탕 속에서 꿇아떨어지게 만들곤 했다.

나는 그곳에서 완벽하게 건강한 몸과 평온한 마음을 만끽했다.

친구의 배반이나 부정도 없었고, 숨겨지거나 공공연한 적들로부터 상처도 받지 않았다.

나의 가족, 친구, 조국, 혹은 일반 사람들을 생각하면서...

...그들이 모습과 천성 면에서 진정 야후들이었다는 생각을 했다.

나는 내 모습을 보기보다는 차라리 일반 야후가 더 보기 좋았다.

내 삶을 완전히 만족스럽게 여기고 있는데, 주인 말이 나를 불렀다...

〈회의에서 내가 야후를 짐승이 아닌 후인흠처럼 집에 데리고 있다며 불쾌해 하더군.〉

〈내가 당신을 다른 야후들처럼 일을 시키든지, 아니면 당신이 왔던 곳으로 헤엄쳐 돌아가라고 명령을 내려야 해.〉

그는 내가 그곳에 사는 한 자기 하인으로 데리고 있을 수 있었다.

그가 회의의 경고를 무시하고 있다며 매일 이웃 후인흠들의 압력을 받고 있어서, 그는 더 이상 약속을 어길 수 없게 되었다.

그는 내가 헤엄쳐서 다른 나라까지 갈 수 없다며 탈것을 개발했으면 하고 바랐다. 그는 내가 카누를 만들 수 있다고 하자 매우 기뻐했다.

그는 배를 완성할 때까지 두 달을 주었고, 적갈색 말에게 나를 도와주라고 지시했다.

나는 엄청난 슬픔과 절망감에 빠졌다.

야후들 사이에 살면서 어떻게 내가 타락했던 옛날로 돌아갈 생각을 할 수 있었겠는가?

카누가 완성되자 주인 말과 부인, 그리고 가족 모두에게 작별을 고했고, 내 마음은 슬픔으로 가득 찼다.

...카누까지 나를 배웅해주기로 했다.

주인 말이 호기심으로, 어쩌면 친절을 베풀고자...

무릎을 꿇고 그의 말굽에 입맞춤을 하려고 하자...

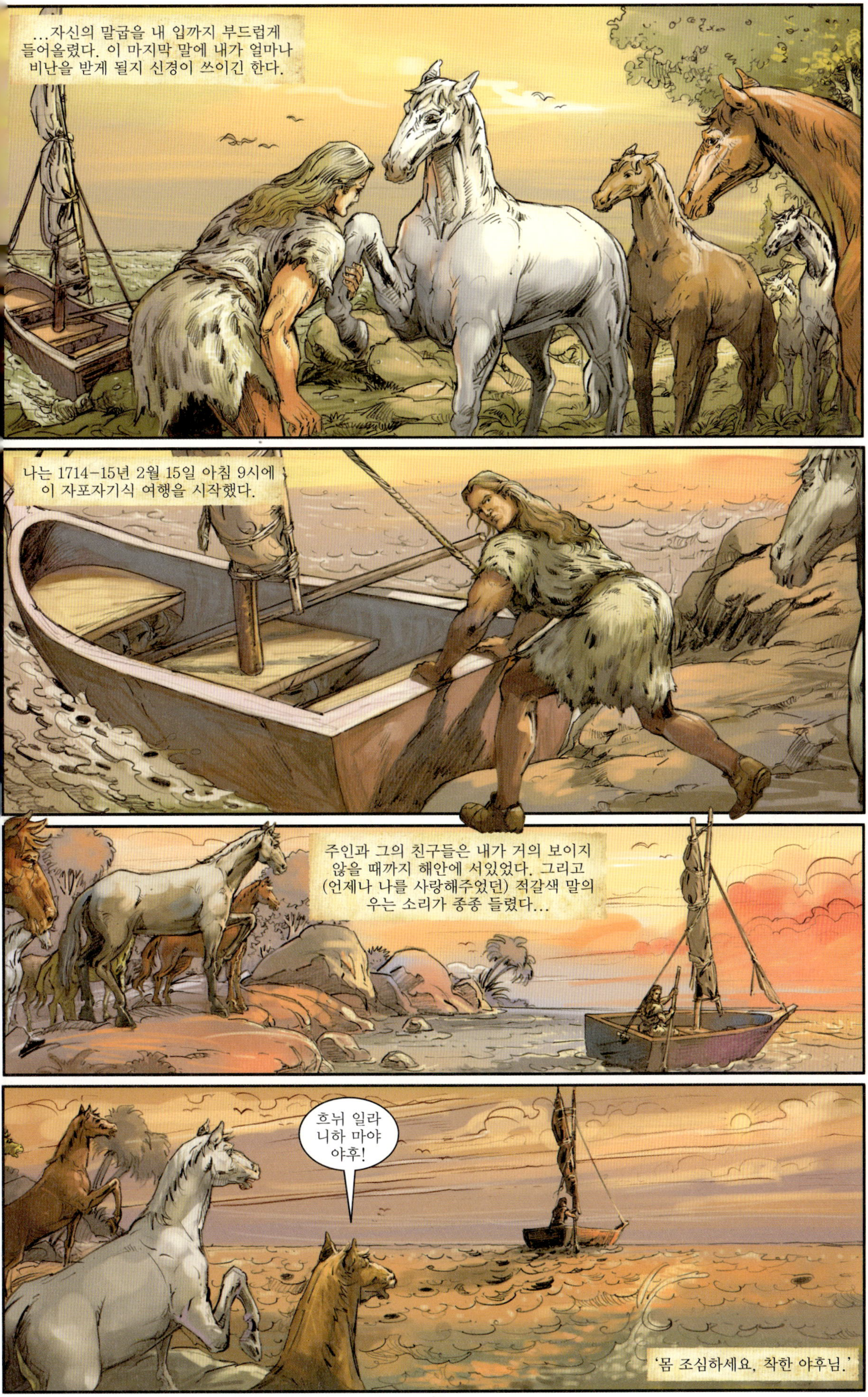

혜지원 영한 대역 그래픽 노블 시리즈를 펴내며...

혜지원의 영한 대역 그래픽 노블 시리즈는 오랜 기간 전 세계인들에게 사랑 받아 온 고전과 위인들에 관한 이야기를 만화로 엮었습니다. 긴 시간 많은 사람에게 읽히고 그 가치를 인정 받아 온 고전에는 재미와 빛나는 철학이 담겨 있습니다. 또한 우리는 전기를 통해 저명한 인물의 삶과 시대를 탐험해 볼 수 있습니다.

이러한 고전과 위인전을 영어와 한글 두 가지 버전으로 모두 담아 그 내용을 더욱 깊이 이해하는 한편, 영어 실력 향상도 기대할 수 있도록 했습니다. 각각의 버전을 비교해서 읽으며 영어와 한글의 차이를 느껴 보는 것도 신선한 경험이 될 것이며, 재미있게 영어를 공부하는 기회도 될 것입니다.

상상력을 자극하는 이야기들을 섬세한 그림체로 구현해낸 혜지원의 그래픽 노블 시리즈를 통해 이야기에 더욱 몰입할 수 있습니다. 어렵고 긴 내용을 읽기 편한 길이와 만화로 담아 가독성을 높였으며, 원문을 최대한 살리되 이야기를 효과적으로 전달하기 위해 노력했습니다.

혜지원의 영한 대역 그래픽 노블 시리즈를 통해 이야기가 주는 매력에 푹 빠져 보세요. 상상력의 지평이 더욱 넓어지는 놀라운 경험을 하게 될 것입니다.

괴물과 난쟁이들 이야기

어린이들을 위한 이야기에는 언제나 흥미롭고 기억에 남을만한 괴물과 난쟁이들이 등장합니다. 어떤 난쟁이들은 사랑스럽지만 어떤 난쟁이들은 고약하지요. 친근한 괴물들, 두렵고 무서운 괴물들, 그리고 도전을 받을 때 영웅이 되는 괴물들이 있습니다.

엄지공주

옛날 옛날에, 한 여자가 아이를 무척 갖고 싶어 했습니다. 그녀는 마녀를 찾아가 마법의 씨앗을 받았습니다. 씨앗을 심자, 꽃 속에서 엄지 손가락만한 소녀가 나타났습니다. 그녀를 엄지공주로 불렀죠. 어느 날, 짓궂은 두꺼비가 잠들어 있던 소녀를 납치하고 말았습니다. 그는 소녀가 자기 아들과 결혼하기를 원했지요. 그러나 엄지공주는 도망쳐 나와, 수련 잎 위에 앉아 떠내려가다 딱정벌레에게 붙잡히고 맙니다. 다행히, 그 딱정벌레는 친구들이 소녀를 좋아하지 않자 그녀를 놓아주었죠.

춥고 배가 고파 헤매고 있던 엄지공주에게 들쥐가 쉴 곳을 제공해 주었습니다. 그런데 그 쥐는 엄지공주가 이웃인 두더지와 결혼하기를 바랐습니다. 다시 한 번, 엄지공주는 도움을 준 적이 있는 제비의 등에 올라타고 도망쳤습니다. 그러곤 아름다운 꽃밭에 내려앉게 되었는데, 거기서 자신처럼 작은 멋진 왕자님을 만났습니다. 두 사람은 사랑에 빠져 결혼을 했고, 영원히 행복하게 살았답니다.

잭과 콩나무

어느 날, 잭의 어머니가 잭에게 소를 팔아오라며 시장으로 보냈습니다. 가는 길에 잭은 낯선 사람을 만났는데, 그가 소를 주면 다섯 개의 마술 콩을 주겠다고 제안했죠. 잭은 콩 다섯 개를 받아들고 집으로 돌아왔습니다. 화가 난 잭의 어머니는 그 콩을 창문 밖으로 던져버리고 맙니다.

아침에 잭은 마당에서 거대한 콩나무를 발견했습니다. 잭은 콩나무를 타고 올라가 구름 나라에 있는 성에 다다랐는데, 그곳은 거인의 집이었습니다. 거인은 잭을 붙잡으려고 했지만 잭은 커다란 금화 주머니를 들고 겨우 도망쳐 나왔습니다!

잭은 두 번째로 콩나무를 기어 올라가 황금알을 낳는 암탉을 훔쳤습니다. 세 번째는 말하는 하프를 훔쳤죠. 그 하프가 거인에게 도와달라고 외쳤어요. 거인이 잭을 쫓아 콩나무를 내려오게 되었지요. 잭은 도망쳐 내려와 가까스로 콩나무를 잘라 쓰러뜨렸습니다. 그렇게 해서 거인과 마술 콩나무는 죽고 말았답니다.

룸펠슈틸츠킨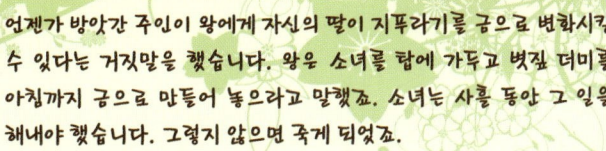

언젠가 방앗간 주인이 왕에게 자신의 딸이 지푸라기를 금으로 변화시킬 수 있다는 거짓말을 했습니다. 왕은 소녀를 탑에 가두고 볏짚 더미를 아침까지 금으로 만들어 놓으라고 말했죠. 소녀는 사흘 동안 그 일을 해내야 했습니다. 그렇지 않으면 죽게 되었죠.

겁에 질린 소녀가 울기 시작했어요. 그때 모르는 남쟁이가 갑자기 나타나 그녀의 목걸이를 받는 대신 짚을 금으로 바꿔놓았습니다. 다음 날 저녁에는 그녀의 반지를 받고 일을 했죠. 삼일 째 되던 날, 그에게 줄 것이 아무 것도 없자 그는 소녀에게 처음 낳는 자식을 주겠다는 약속을 해달라고 했습니다.

왕은 금으로 변한 것을 보고 매우 기뻐하며 방앗간 주인 딸과 결혼을 했습니다. 그들의 첫 아이가 태어나자, 그 남쟁이가 아기를 데리러 왔습니다. 불안한 왕비는 남쟁이에게 보석을 주겠다고 했지만 그는 모두 다 거절했습니다. 결국 그는 만약 왕비가 자신의 이름을 사흘 안에 맞추면 자신의 요구를 포기하겠다고 했습니다.

처음 이틀 동안 왕비는 이름을 알아내지 못했죠. 3일째가 되기 바로 직전, 그녀의 심부름꾼이 남쟁이의 오두막을 발견하고 그가 자기 이름 '룸펠슈틸츠킨'을 노래로 부르는 소리를 듣게 되었습니다. 3일째 되던 날 남쟁이가 왔을 때, 그녀는 기쁘게 그의 이름을 말했습니다. 그 후로 룸펠슈틸츠킨은 다시는 나타나지 않았답니다.

이기적인 거인

어느 날 이기적인 거인이 자신의 아름다운 정원에서 놀고 있는 아이들을 보았습니다. 그는 화가 나서 아이들이 들어오지 못하게 벽을 세웠습니다. 거인이 그렇게 하고 나자, 모두 꽃들이 꽃을 피우지 않고 새들도 정원을 찾아오지 않게 되었죠.

거인이 자신의 실수를 깨달았지만 어떻게 해야 할지 몰랐습니다. 어느 날, 거인은 아이들이 벽 틈으로 되돌아오고 정원이 꽃으로 가득찬 것을 보게 되었습니다. 그를 보자, 어린 꼬마를 뺀 모두 아이들이 줄행랑을 쳤습니다. 거인이 꼬마가 나무에 올라가는 것을 도와주자 그 꼬마가 답례로 그에게 입맞춤을 해주었습니다. 거인은 매우 기뻐하며 벽을 허물었고 아이들은 다시 그곳에서 놀기 시작했습니다.

몇 년 후, 거인이 나이가 들었을 때 그는 정원 한 쪽에 꽃이 만발한 나무들을 보게 되었습니다. 그는 흰 꽃을 가지고 나무 아래에 누워 있는 그때 그 꼬마를 보았답니다. 그 꼬마는 사실 '아기 예수'였습니다. 꼬마는 미소를 짓고 거인에게 말했습니다. 자신의 정원인 천국으로 거인을 데려가겠다고요. 그런 다음 행복한 거인은 죽어서, 나무 아래에 꽃으로 덮여 누워 있는 모습으로 발견되었다고 합니다.

이거 알아요?

1 웹 포털 '야후!'는 'Yet Another Hierarchical Officious Oracle'의 약자일까요? 설립자 데이비드 필로와 제리 양은 장난삼아 자신들을 야후로 여기다가 그 이름을 선택했습니다.

2 1726년에 「걸리버 여행기」가 출간되었을 때, 책에 작가 이름이 없었을까요? 표지에는 레무엘 걸리버 작 「세상의 외진 나라들의 여행」(Travels into Several Remote Nations of the World)이라 적혀 있었습니다. 그 당시의 여행 서적들은 걸리버의 여행들과 같이 상상력이 풍부한 기묘한 이야기들을 주로 담고 있었습니다.

Hyejiwon English-Korean Graphic Novels Series

혜지원 영한 대역 그래픽 노블 시리즈는
여러분께 영어 학습 효과는 물론 재미와 감동까지 선사합니다.

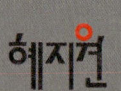 

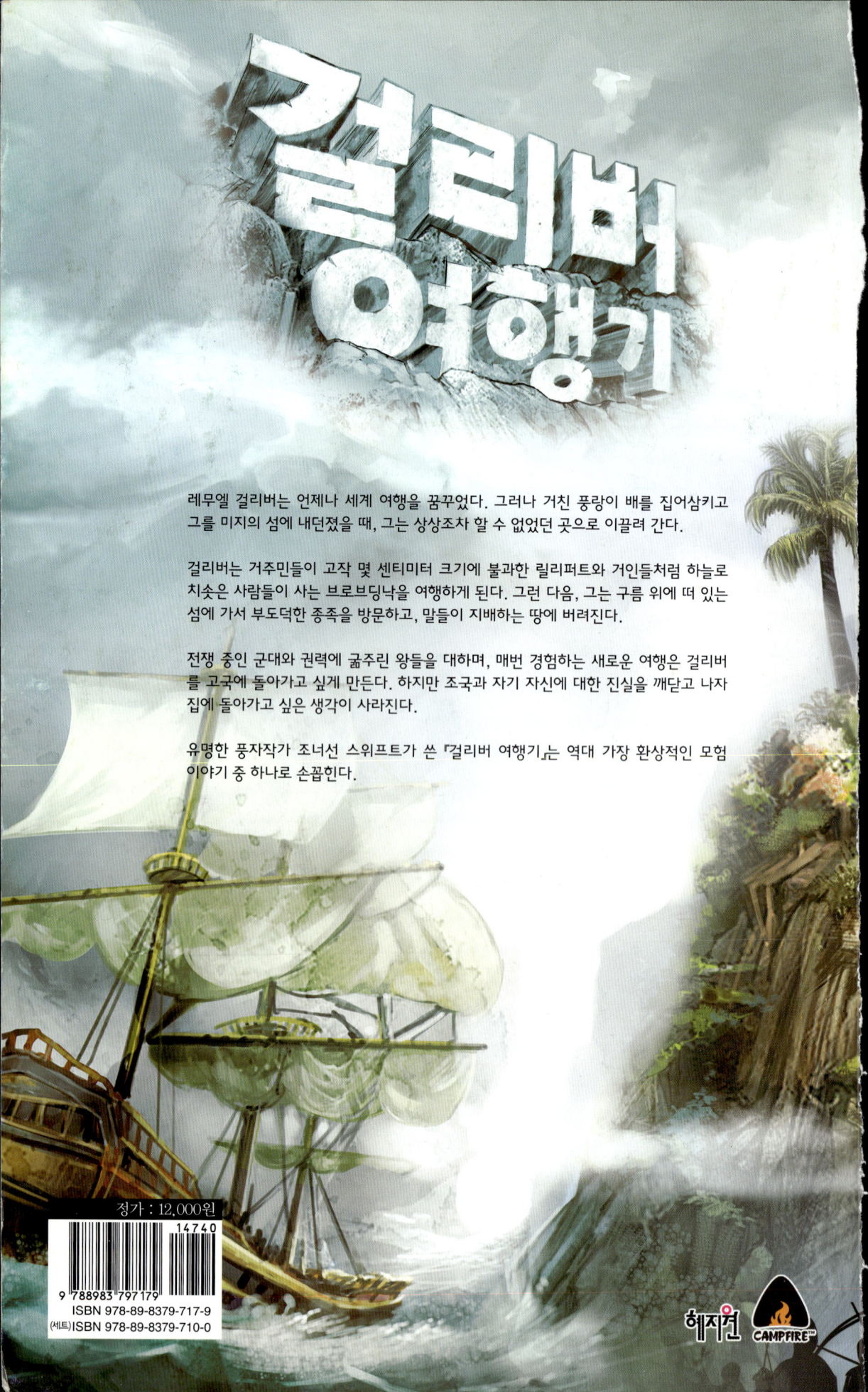

걸리버 여행기

레무엘 걸리버는 언제나 세계 여행을 꿈꾸었다. 그러나 거친 풍랑이 배를 집어삼키고 그를 미지의 섬에 내던졌을 때, 그는 상상조차 할 수 없었던 곳으로 이끌려 간다.

걸리버는 거주민들이 고작 몇 센티미터 크기에 불과한 릴리퍼트와 거인들처럼 하늘로 치솟은 사람들이 사는 브로브딩낙을 여행하게 된다. 그런 다음, 그는 구름 위에 떠 있는 섬에 가서 부도덕한 종족을 방문하고, 말들이 지배하는 땅에 버려진다.

전쟁 중인 군대와 권력에 굶주린 왕들을 대하며, 매번 경험하는 새로운 여행은 걸리버를 고국에 돌아가고 싶게 만든다. 하지만 조국과 자기 자신에 대한 진실을 깨닫고 나자 집에 돌아가고 싶은 생각이 사라진다.

유명한 풍자작가 조너선 스위프트가 쓴 『걸리버 여행기』는 역대 가장 환상적인 모험 이야기 중 하나로 손꼽힌다.

정가 : 12,000원

ISBN 978-89-8379-717-9
(세트) ISBN 978-89-8379-710-0

그래픽 노블 시리즈
로미오와 줄리엣 정가 : 12,000원

그래픽 노블 시리즈
모비딕 정가 : 12,000원

그래픽 노블 시리즈
보물섬 정가 : 12,000원

그래픽 노블 시리즈
톰소여의 모험 정가 : 12,000원

그래픽 노블 시리즈
우주전쟁 정가 : 12,000원
영문판 + 한글판 1+1

그래픽 노블 시리즈
걸리버 여행기 정가 : 12,000원
영문판 + 한글판 1+1

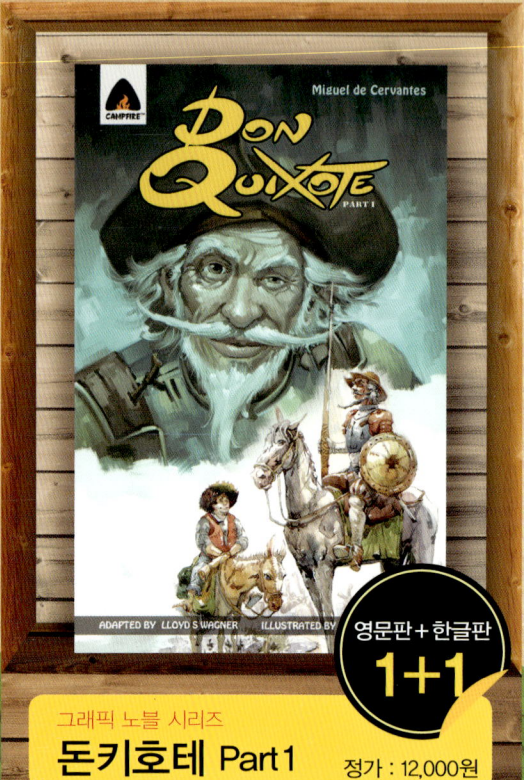

그래픽 노블 시리즈
돈키호테 Part 1 정가 : 12,000원
영문판 + 한글판 1+1

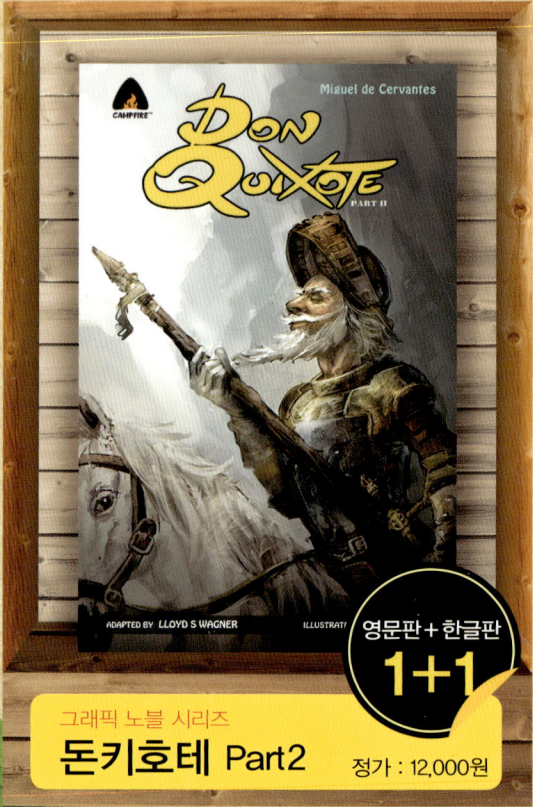

그래픽 노블 시리즈
돈키호테 Part 2 정가 : 12,000원
영문판 + 한글판 1+1